AF384177

G. T. RAYNAL DÉMASQUÉ,

OU

LETTRES

SUR LA VIE ET LES OUVRAGES

D' CET ÉCRIVAIN,

1791.

AVERTISSEMENT.

CES Lettres, écrites par différentes personnes, n'étoient pas destinées à voir le jour. Mais comme *Raynal* trouve encore des admirateurs et des apologistes, on a cru qu'elles contribueroient à le *démasquer*. Elles ne contiennent, au reste, rien qui ne fût déjà connu d'un très-grand nombre de personnes. Si cet écrivain n'a pas été jugé par le public, comme il l'a été dans toutes les sociétés particulières où il s'est montré, cela tient à l'art avec lequel il a su travailler sa *réputation*. On sait que l'auteur putatif de *l'Histoire des deux Indes* ne se nomma point d'abord ; mais qu'il étoit bien désigné et bien connu. Les magistrats et les ministres fermèrent les yeux

A

sur la licence effrénée de ses écrits, et *Raynal* jouit en paix de *ses succès* au milieu de la capitale. Enfin, après dix ans de tolérance, il se nomma à la tête d'une nouvelle édition, il y mit son portrait; l'on eût peut-être encore fermé les yeux sur cette espèce de bravade; mais il y inséra des personnalités contre l'homme le plus puissant du royaume (M. de Maurepas), *pour servir une intrigue de cour*; il censura amèrement la conduite de la France, qui s'étoit déclarée pour les Américains, et alors son livre fut livré au magistrat. Loin cependant d'attenter à la liberté de l'auteur, on l'avertit de mettre sa personne et ses biens à couvert; on le laissa sortir du royaume. Le décret lancé contre lui, l'annotation de ses biens, tout ce qu'un antique usage prescrivoit encore aux tribunaux, ne furent qu'une vaine cérémonie. *Raynal* perdit sa pension, si c'est là perdre que d'obtenir du ministère le droit de la faire passer à un autre homme de lettres. Quoi qu'il en soit, M. *Raynal* acquéroit en quelque sorte la propriété de son ouvrage. La crainte des décrets et de la bastille fit que personne n'osa s'en déclarer l'auteur. En s'attirant une persécution qui augmentoit sa gloire, *Raynal* se mettoit aussi à l'abri des censures qui l'auroient détruite. Il n'ignoroit pas en effet qu'à l'époque où parut la troisieme édition, plusieurs écrivains estimés se préparoient à l'attaquer, et qu'une apparence de persécution lui serviroit de sauvegarde. Il rendoit justice à la délicatesse de ces écrivains. Non seulement ils jetèrent au feu les critiques qu'ils avoient préparées, mais ils eurent encore la générosité de se taire. Les motifs qui ont fait ménager l'abbé *Raynal*, n'existent plus aujourd'hui. L'assemblée nationale a réparé l'injustice de l'ancien gouvernement, elle a fait cesser l'espèce de persécution qu'il avoit mendiée, et lui a permis d'achever tranquillement sa carrière au sein de ses amis et de sa patrie. On sait comment *Raynal* lui en a témoigné sa reconnoissance.

G. T. RAYNAL DÉMASQUÉ,

OU

LETTRES

SUR LA VIE ET LES OUVRAGES

DE CET ÉCRIVAIN.

LETTRE Ire.

JE pense comme vous, Monsieur, sur la lettre de M. *André Chenier* (1). Elle est d'un honnête homme et d'un esprit modéré. Mais quelque honnête et modéré qu'il soit, je crois qu'il auroit eu

----

(1) Voyez le Moniteur du 5 juillet. Les reproches graves et mérités que M. *Chenier* fait à l'abbé *Raynal*, contrastent d'une manière singulière avec le ton poli et modéré de sa lettre. Bien des lecteurs n'ont vu qu'une ironie ingénieuse et piquante dans ces ménagemens. On s'en est dispensé dans cet écrit, parce qu'on s'est proposé d'arracher entièrement le masque au charlatan hypocrite dont le public a été dupe si long-temps.

A 3

peine à conserver ce ton , et peut-être même à le prendre, s'il eût connu la personne de l'abbé *Raynal*; s'il eût été moins jeune , plus au fait de tout ce qui concerne cet abbé ; s'il eût vécu avec les gens de lettres qui l'avoient apprécié dès long-temps , et dont un grand nombre sait comment fut composé l'ouvrage qui a fait sa réputation. MM. *Diderot* , *de Leyre* , *Pechmeja* , *Guibert* , *de Knipausen* , *d'Holbach* , *la Grange* , traducteur de Lucrèce, et quantité d'autres , en sont les vrais auteurs. Le célèbre morceau sur l'esclavage des nègres et plusieurs autres sont de *Pechmeja* , et plusieurs hommes vivans ont vu son manuscrit. Il en eut pour récompense un exemplaire, et en ayant souhaité un second pour un de ses amis , il fut obligé de l'acheter , ce qu'il racontoit fort plaisamment ; et cette histoire donnoit lieu au récit de quantité de traits d'avarice fort remarquables. C'est un des vices connus de cet abbé. M. le prince de *Gonzague Castiglione* racontoit, il y a quelques jours , qu'étant autrefois allé voir *Diderot* avec M. *Bailly* , actuellement maire de Paris , ils lui trouvèrent ces yeux allumés et cet air prophétique qui sembloient annoncer l'enthousiasme d'un travail actuel. Il leur dit , en riant , qu'il faisoit du *Raynal* ; que l'abbé s'étoit adressé à lui au moment de faire une seconde édition. Ces messieurs crurent qu'il étoit honnête de garder le secret. Ils se le promirent mutellement ; et M. le prince de Gonzague ajoutoit, qu'il n'eût jamais raconté cette anecdote, si la conduite de l'abbé Raynal ne le remplissoit d'indignation. Il y a peu d'hommes de lettres, sur-tout de ceux qui ont connu et fréquenté Diderot, qui ne reconnoissent sa manière en vingt endroits de l'histoire philosophique. On sait particulièrement que l'éloge d'Elisa est de lui. Elisa étoit une anglaise-indienne, nommée Elisabeth Draper, femme aimable, intéressante, et follement admiratrice du prétendu talent de l'abbé Raynal. Que penser d'un écrivain qui confie à une plume étrangère, le soin de peindre la personne qu'il dit avoir le plus aimée ? Ces faits et quantité d'autres étoient très-connus à Paris avant le départ de l'abbé ; aussi ne jouissoit-il d'aucune considération parmi les lettrés ; et quoi qu'on dise de la jalousie des confrères, l'abbé Raynal s'apercevoit qu'il n'excitoit pas ce sentiment. C'est une des raisons qui contribua à lui rendre le séjour de la capitale peu agréable ; *Quære peregrinum vicinia rauca reclamat.* L'abbé Raynal chercha donc la province et l'étranger, à la grande surprise de plusieurs gens du monde, qui ne savoient pas le secret de son

A 4

amour-propre. Je me rappelle le mot d'un homme de lettres connu, à qui l'on demandoit pourquoi l'abbé Raynal avoit signé son livre, et s'étoit mis dans le cas de fuir sa patrie. Il répondit : *C'est qu'il est las et humilié de vivre avec les auteurs de son ouvrage.* Cette plaisanterie étoit une vérité. Il seroit injuste et absurde de lui reprocher d'avoir admis dans son livre les mémoires qu'on lui communiquoit sur les différens pays dont il parle ; mais on peut lui reprocher, avec justice, d'en avoir admis de mauvais, de n'avoir fait aucun choix, de n'avoir cherché à mettre ni accord ni unité dans le style et dans les idées de tous ces morceaux d'emprunt, dont plusieurs sont écrits dans des vues entièrement contradictoires et dans des systêmes opposés. Cette bigarrure ne surprit que les gens qui ne connoissoient point l'abbé. Ce qu'il y avoit de plaisant, c'est qu'oubliant quelquefois ceux auxquels il avoit obligation de ces mémoires, plus ou moins bons, il alloit leur demander des complimens sur le morceau dont il les supposoit les meilleurs juges. M. *Andry*, médecin de la faculté de Paris, homme droit et honnête, incapable de mensonge, a raconté plus d'une fois à ses amis une anecdote assez divertissante. L'abbé Raynal, qui le connoissoit, et qui savoit que M. *Andry* étoit médecin de l'ambassadeur de Portugal, le pria de lui procurer des mémoires sur ce royaume. M. Andry le lui promit, ajoutant qu'il tireroit aussi des lumières de M. le docteur Sanchez, médecin portugais très-célèbre, connu de l'abbé Raynal. Celui-ci, charmé de cette idée, alla remercier d'avance le vieux docteur, qui, bon et obligeant, et ne sortant point de sa chambre, se procura tous les renseignemens, soit de l'hôtel de l'ambassadeur où il avoit un grand crédit, soit de ses correspondances personnelles. Il compose, ou plutôt fait composer sous ses yeux un très-bon mémoire qui fut remis à l'abbé Raynal. L'abbé, pendant l'ivresse où le tint long-temps le succès de son livre, avoit oublié le docteur Sanchez ; mais ayant entendu citer son nom, il se propose d'aller savoir ce que le vieux docteur pensoit de l'article *Portugal*. M. Sanchez s'aperçoit, au ton de l'abbé, qu'il ne s'agissoit pas de remerciemens à recevoir, mais de complimens à faire ; il admire cet étrange oubli ; il remet l'abbé sur la voie. Cela ne prend point, et opposant l'aigreur de l'amour-propre à l'humeur du vieillard, qui trouvoit de la vanité où il cherchoit de la reconnoissance, il le mit en colère tant et si bien, qu'il se fit chasser. Ce n'est pas la seule scène qu'il ait eue avec ses collabaroteurs, sur lesquels il cherchoit d'avance à prendre avantage par quelques services qu'il leur faisoit ensuite payer cher. C'étoit la position de Pech-meja, dont il a rançonné le talent, après l'avoir placé dans une maison particulière, en qualité de précepteur, service qu'il lui a reproché cent fois, comme le savent tous ceux qui ont vécu avec lui.

On a beaucoup reproché à l'abbé Raynal l'intérêt qu'il a eu dans une entreprise relative au commerce des nègres ; on a trouvé que ce contraste entre ses principes et sa conduite personnelle, étoit un peu trop choquant. Cette imputation, quoique très-fondée, étoit à la fin tombée dans l'oubli. Le public, qui finit toujours par se ranger du côté des réputations bien ou mal acquises, avoit regardé ce reproche comme calomnieux. Il est pourtant certain que M. Malouet [qui le niera peut-être aujourd'hui] a conté plus d'une fois une scène plaisante qu'il eut à Saint-Domingue, dans la nouveauté du livre de l'abbé, et qui ne laisse aucun doute sur ce fait. M. Malouet, qui s'est bien corrigé depuis, alors charmé du morceau sur les noirs, en fit lecture à M. Fouache, son ami ; et étant arrivé à un certain alinéa qui commence ainsi : « Cartouche, assis au pied d'un arbre dans une

» forêt profonde, calculant la recette et la dé-
» pense de son brigandage, les récompenses et
» les salaires de ses agens, et s'occupant avec
» eux d'idées de proportion et de justice distri-
» butive ; Cartouche est-il fort différent de l'ar-
» mateur, *d'un Fouache*, qui, courbé sur un
» comptoir, règle, la plume à la main, le nom-
» bre d'attentats qu'il peut faire commettre sur
» les côtes de Guinée ; qui...... ». — Quoi !
je suis nommé dans ce livre ? — Lisez plutôt. —
M. Fouache ne lit pas ; mais à la sérénité du
maintien de Malouet, se croyant nommé, il court
à son bureau, tire une lettre, et la lit tout haut.
L'abbé y demandoit conseil à son ami sur les
mesures à prendre pour la traite prochaine, y
parloit de la somme qu'il avoit en réserve, en
un mot, de tous les arrangemens relatifs à cette
expédition, etc. M. Malouet, qui pensoit peut-
être dès lors qu'il ne faut pas prendre à la lettre
les discours des philosophes, n'en fut pas autrement surpris : mais il rassura M. Fouache sur le
petit malheur d'être nommé dans le livre. Il lui
montra le passage où le nom de M. Fouache
n'étoit pas, et il rit beaucoup de la peur qu'avoit
eue son ami.

J'apprends que M. Clootz vient de publier une
lettre où l'abbé Raynal est très-maltraité. On

ajoute qu'il y est accusé d'avoir eu pour certains importuns, des complaisances plus pardonnables à un Bonneau qu'à un prétendu sage. M. Clootz offre d'en produire la preuve légale. Cette imputation ne surprendra que le public. Elle ne sera pas nouvelle aux yeux de bien du monde. Une femme, dont la vie n'est point irréprochable, et qui a vécu avec deux ou trois hommes connus, mais qui d'ailleurs n'a jamais passé pour méchante, a dit à ses amans et à ses amis, en riant de l'espèce d'enthousiasme qu'on avoit voué à l'abbé Raynal : *Il fait bon vivre, on voit d'étranges choses. C'est un plaisant contraste pour moi, que l'existence actuelle de l'abbé, et celle que je lui ai vue dans le temps qu'il m'est venu faire des propositions de M. de Tournehem ;* c'étoit un oncle du mari de madame de Pompadour, directeur général des bâtimens, et riche de 400,000 livres de rente. On accusoit l'abbé d'avoir eu les mêmes bontés pour M. de Puisieux, ministre, qui avoit contribué à lui faire avoir le mercure, apparemment du nom de son emploi. Il faut qu'Anacharsis Clootz ait fait rencontre dans ses voyages de quelques femmes qui auront mis dans ses mains la preuve de quelques faits semblables : ces accidens ne sont pas très-rares ; mais si l'abbé en a laissé des témoignages écrits, on rabattra beaucoup de l'idée qu'on avoit de sa prudence et même de sa finesse. Au reste, il est bon de dire qu'il y a dans Paris un grand nombre de personnes aux yeux desquelles l'abbé Raynal n'a pas été beaucoup rabaissé par sa lettre à l'assemblée nationale. Le seul effet que cette lettre ait produit, a été de leur faire mépriser encore davantage ceux qui, se prévalant des droits de l'amitié, en ont abusé pour avilir la vieillesse d'un homme qu'ils ont environné de leurs illusions, et dont ils immolent la renommée à leurs absurdes espérances.

LETTRE II.

JE ne suis point surpris, Monsieur, qu'un étranger, un ami de la liberté, qui n'a point connu la personne de l'abbé Raynal avant la célébrité de son livre, soit si indigné de sa lettre à l'assemblée nationale. Moi - même j'en serois affligé, voyant un homme paré du titre de philosophe, dégrader sa vieillesse et avilir sa plume pour combattre une révolution que ses écrits avoient provoquée. Je gémirois sur le sort de l'humanité, dont les plus ardens défenseurs abandonnent légèrement les droits, si-tôt que de grands intérêts en sont blessés, et que des passions féroces les insultent. Mais j'ai trop connu l'abbé Raynal à mon entrée dans le monde ; j'ai assez pénétré les secrets de son caractère, de sa conduite et de ses rapports avec les philosophes et les gens de lettres, pour n'être nullement étonné de sa dernière démarche. A des opinions adoptées par convenance, à des vérités qu'on sait qu'il ne s'est pas donné la peine de chercher, et dont il n'a connu ni les principes, ni les résultats, que pourroit ajouter une inconséquence de plus ?

(15)

Quand j'ai connu l'abbé Raynal, je l'ai vu mettre à sa réputation d'écrivain autant d'adresse et de charlatanerie qu'il en avoit mis à se composer une petite fortune. Il avoit à faire oublier d'anciennes compilations qui ne l'avoient pas élevé bien haut dans la littérature. Sa vie errante et dissipée dans le monde, le besoin continuel des petites intrigues lui laissoient peu le temps d'écrire et de méditer. Malgré la ressource qu'il avoit d'être toujours content de lui, d'avoir l'air de se plaire avec tout le monde, il lui fut difficile de ne pas s'apercevoir qu'il plaisoit peu aux gens raisonnables, et que la bonne compagnie où il s'étoit introduit, commençoit à le regarder comme ces vaudevilles passés de mode, qui ont besoin d'être rajeunis pour avoir encore un peu de vogue.

L'abbé avoit bien tiré quelque parti pour sa fortune de son métier de prêtre et de son talent de prédicateur. Quelques légeretés qu'il se permit l'ayant fait interdire par l'archevêque de Paris, il se tourna du côté des lettres. La médiocrité de ses premiers écrits lui ménagea des prôneurs et des confrères plus indulgens dans sa nouvelle carrière. Le mercure, qu'il rédigea pendant long-temps, l'avoit formé dans l'art de compiler les gazettes et d'orner sa mémoire des faits politiques qu'il alloit toujours débitant dans les sociétés qui avoient la complaisance de s'en laisser ennuyer. Un jour, entrant chez M^{de}. *Geoffrin*, il commença dès l'entrée du salon à réciter une nouvelle arrivée de Prusse. Quelqu'un l'interrompit, et lui montra sur la cheminée une carte, où étoit écrit : *cette nouvelle a été redite ici vingt fois dans la journée.* L'abbé, sans se déconcerter, en renouvela pour la vingt et unième fois le récit devant l'ambassadeur de Prusse, qui en attestoit la fausseté. Tous les mots d'une anecdote une fois rangés dans sa tête, il n'en retranchoit aucun ; et le fait fût-il vrai ou faux, aucune considération ne lui en faisoit jamais rien rabattre.

Dès qu'il s'étoit saisi de la parole dans un salon, comme l'abbé *Maury* à la tribune, le choix de ses nouvelles, l'intérêt qu'on pouvoit y prendre, lui importoient peu, pourvu qu'on l'écoutât. Il en assommoit les plus patiens à l'entendre. Il ne s'apercevoit pas même des faits contradictoires, qu'il affirmoit également.

Pechmeja, qui fit pour lui le morceau de son histoire philosophique sur les Nègres, que l'abbé a un peu gâté dans sa dernière édition, en y mêlant son style déclamatoire, sans doute pour mieux se l'approprier, lui fit aussi un morceau

teau sur la compagnie des Indes: grande question alors vivement agitée. Pechmeja, qui ne
l'avoit que superficiellement examinée, la résolut
d'abord en faveur de cette compagnie. L'abbé
en fut très-content. Pechmeja, revenu sur ses
pas, ayant plus médité les principes, changea
d'avis, et fit un morceau tout opposé au premier. L'abbé en fut aussi très-content, et pour
ne rien perdre des deux avis contraires, il les
inséra tous deux dans son ouvrage, en forme
de plaidoyer, sans trop s'expliquer sur son opinion particulière.

Sa méthode est ordinairement plus tranchante
et plus dogmatique, même dans les endroits de
son livre où il auroit le plus de motifs d'établir un doute raisonnable. Pour s'épargner la
peine de discuter la vérité des faits, ou l'authen-
ticité des mémoires qu'on lui fournit, il conserve le ton affirmatif au milieu de ses opinions
les plus contradictoires ; et elles sont en grand
nombre. Deux volumes imprimés à Liège suffi-
sent à peine pour les contenir toutes. Et qui
d'ailleurs prendroit la peine de les chercher et
de les rapprocher dans l'énorme fatras de sa
vaste compilation ? Le public lit pour s'amuser.
Tant mieux s'il rencontre à la fois un écrivain
qui l'instruise. Que lui importe la vérité ou la

B

contradiction des opinions, dans un livre où d'ailleurs tant de bons esprits ont répandu une si grande variété d'idées fortes de liberté, d'économie publique et d'amour des hommes, qui plaisent à tous les genres de lecteurs? Quand l'abbé eût été en état de leur donner un ordre méthodique, de les rallier à des principes et d'en tirer de justes conséquences, il ne s'en seroit pas donné la peine. Voulant un gros livre bien payé, à raison de ses hardiesses et du nombre des volumes, il eût fallu en retrancher la moitié. Sa vie dissipée et sa paresse naturelle lui en auroient-elles donné le temps ? La gloire du moment lui suffisoit. Le succès de sa première édition surpassa toutes ses espérances, et lui démontra qu'il n'avoit pas trop présumé de la frivolité de ses lecteurs. Il n'en devint que plus importun auprès des gens de lettres, pour en obtenir de quoi grossir son ouvrage, et mettre à profit l'avidité des libraires.

Le calcul de son avarice s'accordant assez avec celui de sa gloire, il ne manqua plus à sa célébrité que les honneurs de la persécution. Il se les étoit ménagés pour le moment où, assuré du succès de son livre, il ne trouveroit plus personne qui osât lui en disputer la propriété, ni réclamer les hardiesses qu'il contenoit. Dans sa troisième édition, il se crut destiné à donner des conseils à toutes les puissances, à déclamer contre toutes les autorités; et pour aigrir davantage les ressentimens des ministres, il eut l'audace, malgré les principes de liberté qu'il prêchoit, de leur faire un crime de les admettre dans leur politique, de les appliquer à la révolution américaine, qu'il avoit la fantaisie de ne pas approuver, et que le vieux *Maurepas* favorisoit. La cour, pour cette fois, fut forcée de prendre de l'humeur. L'abbé Raynal fut exilé de France; et le public, accoutumé à ces insolences du despotisme, ne vit qu'un grand homme de plus que l'ignorance persécutoit. Il n'avoit lu dans ses déclamations philosophiques que de saines maximes qu'il désiroit de voir réaliser, et ne se souvenoit pas que le même homme qui les avoit poussées jusqu'à l'exagération, en avoit blâmé la pratique chez un peuple qui cherchoit à se délivrer de ses tyrans. On le plaignit, sans avoir même remarqué cette grande contradiction que les bons esprits se gardoient bien de relever, par respect pour son âge, et non pour des malheurs qu'il s'étoit efforcé de mériter. On le crut martyr de l'autorité qu'il avoit bravée, il ne l'étoit que de la vanité d'aller entendre le bruit que son nom faisoit dans l'Europe.

B 2

Faut-il s'étonner, après cela, si ce même homme, enivré des vapeurs d'une célébrité à laquelle on l'a forcé de s'accoutumer, reparoît aujourd'hui sur la scène, pour y jouer le rôle de précepteur de l'assemblée nationale, comme il s'étoit érigé en conseiller des rois et des ministres ? D'après son systéme de conduite, a-t-on pu croire qu'il manqueroit l'occasion de flatter de grands préjugés, et de favoriser sans danger des passions qu'il n'avoit autrefois combattues que pour sortir de l'oubli où la médiocrité de ses talens l'avoit condamné ? Espéroit-on de l'enthousiasme d'un charlatan qui déclame sans raisonner, la bonne foi d'un vrai philosophe qui loue, blâme ou conseille, en discutant ses motifs, toujours fondés sur l'amour du bien public et de la vérité ?

D'après le caractère connu de l'abbé Raynal, j'ai peine à m'expliquer, je l'avoue, l'importance que mettent certaines gens au parti qu'il affiche dans la révolution. C'est celui qu'il avoit pris dans l'insurrection d'Amérique. Il avoit vu croître sa réputation en s'élevant contre les oppresseurs du peuple, il crut l'augmenter encore, en frondant les moyens que cherchoient des gens raisonnables pour détruire la tyrannie. Après avoir offert ses conseils au sage Franklin, qui les dédaigna, il alla les offrir aux ministres anglais, qui n'en ont pas trop profité.

L'assemblée nationale l'a cru malheureux, et par respect pour les droits des hommes, qu'il a courageusement défendus, elle a réparé les torts qu'avoit eus l'ancien régime envers lui. Je n'imagine pas qu'en lui rendant cette justice, elle ait compté beaucoup sur sa reconnoissance. Il lui a paru plus piquant de se réunir à ses ennemis pour y manquer. Il croit conserver sur elle la même supériorité qu'il a affichée pour les préjugés de toute espèce. C'est en quoi sa vanité pourroit bien l'avoir trompé. Ses ennemis, plus habiles, ont mieux préparé le piège qu'ils lui tendoient. Ils ont pensé que la démarche qu'ils lui faisoient faire à l'assemblée, donneroit un nouveau poids à leurs opinions, ou détruiroit l'autorité de celles qu'il avoit répandues dans ses écrits. Il ne s'est pas aperçu que le public éclairé ne balanceroit pas entre l'estime qu'il doit à ses pensées, et le mépris que mérite l'inconséquence de sa conduite.

J'ai vu la personne de l'abbé Raynal assez peu recherchée dans les sociétés de gens de lettres où je vivois, s'insinuant auprès d'eux par des offres de services, que plusieurs n'ont jamais reçus sans avoir eu lieu de s'en repentir. Je

J'ai vu, lors de sa célébrité, accueilli, fêté et
caressé des femmes de la cour et de la ville,
au milieu desquelles l'abbé se croyoit un Fon-
tenelle par les fades galanteries qu'il leur débi-
toit. On couroit à ses déjeuners ; c'étoit une
faveur d'y être admis. Son buste étoit dans les
salons. Au moment de sa disgrace il est passé
dans les anti-chambres. Sa nouvelle célébrité le
ramenera sans doute dans les boudoirs , en
attendant que la contre-révolution qu'il prêche,
l'élève aux honneurs de l'apothéose.

LETTRE IIIe.

*Opinions de Raynal sur la révolution
américaine.*

Vous êtes étonné, Monsieur, que *Raynal*,
cet apôtre de la liberté, cet homme dont on a
dit *qu'il pourroit professer les insurrections*,
se soit déclaré contre la révolution française.
Votre étonnement cessera lorsque vous saurez
qu'il n'a pas été plus favorable aux Américains,
qu'il les a vus avec regret secouer le joug de
l'Angleterre, et se donner une constitution. Gagné
par les Anglais, comme il l'est aujourd'hui par
les aristocrates, il blâma la France et l'Espagne
de s'être déclarées en faveur des nouveaux répu-
blicains ; il les peignit avec les couleurs les plus
odieuses, et justifia, avec un art perfide, leurs
oppresseurs. S'il ne se mit pas autant à découvert qu'il le fait aujourd'hui, c'est qu'il eût été
trop facile de s'apercevoir qu'il étoit vendu aux
ennemis de la patrie, et que dès lors il auroit
mal servi leur cause. En prouvant que *Raynal*
n'abandonne pas aujourd'hui, pour la première

B 4

fois, les principes qu'il a prêchés avec tant de faste, je suivrai fidèlement les traces de MM. *Payne* et *Mazzei.* Ces deux écrivains, vraiment philosophes et amis de la liberté, ont également démontré que tout ce que l'historien des deux Indes a dit de l'Amérique, ne s'accorde en rien avec la vérité. Mais je profiterai sur-tout de l'ouvrage du second, parce qu'il traite son sujet avec plus d'étendue, et qu'il ne craint pas d'arracher le masque dont s'est couvert cet ami prétendu des hommes, et de le montrer dans toute sa difformité (1).

---

(1) Voyez *Recherches historiques et politiques sur les États-Unis de l'Amérique septentrionale, où l'on traite des établissemens des treize colonies, de leurs rapports et de leurs dissentions avec la Grande-Bretagne, de leurs gouvernemens avant et après la révolution, etc.* 4 vol. *in-8°.* chez Desenne, au Palais-Royal. Cet ouvrage, le seul qui puisse donner des notions justes et approfondies sur les États-Unis, a encore le mérite de renfermer une foule de vues neuves sur les constitutions libres. On ne sauroit trop en recommander la lecture à tous les amis de la liberté ; et sur-tout à ceux qui sont appelés à représenter leurs concitoyens. Ce qui caractérise principalement M. *Mazzei,* c'est qu'il connoît également les hommes et les principes, et qu'il sait accorder

On a regardé généralement en Europe comme très-légitimes, les causes qui ont porté les Américains à l'insurrection. Raynal seul, qui le croiroit ? les trouve insuffisantes, et ne peut quelquefois s'empêcher d'appeler les insurgens des *rebelles.* « Le pouvoir arbitraire, dit-il, n'avoit
» arraché aucun habitant du sein de sa famille
» ou de ses amis, pour le traîner dans les hor-
» reurs d'un cachot. L'ordre public n'y étoit pas
» interverti...... Tout se réduisoit à savoir si la
» métropole avoit ou n'avoit pas le droit de met-
» tre, directement ou indirectement, un impôt
» léger sur les colonies. Car les griefs accumu-
» lés dans la déclaration n'eurent de valeur que
» par ce premier grief. Cette question presque
» métaphysique n'étoit guère propre à soule-
» ver une multitude, ou du moins à l'intéres-
» ser..... etc. ». Il est vrai que le pouvoir arbitraire n'avoit arraché jusqu'alors aucun habitant

___

la politique et la philosophie. L'expérience nous a appris que ces connoissances sont aussi rares que nécessaires à des legislateurs.

M. *Mazzei* consacre une partie du troisième volume de son ouvrage à réfuter ce que *Raynal* a écrit contre les Américains. Cette lettre n'est qu'un extrait de sa réfutation.

du sein de sa famille : mais un acte du parlement d'Angleterre avoit ordonné qu'on le fît, et les américains devoient-ils attendre la suite de cet acte ? Ce que *Raynal* dit de *l'ordre public* est absolument faux ; tout étoit changé à cet égard, comme on le lit dans l'acte d'indépendance. Il plaît à notre historien, qui *nie toute cause de révolution*, de ne voir dans cette déclaration solemnelle du congrès, qu'un manifeste insignifiant, qui n'a d'autre valeur que celle d'une *question presque métaphysique*, etc. Mais personne n'ignore que les griefs, qui y sont accumulés, sont le résultat de faits incontestables. *Raynal* lui-même, à qui l'envie de déclamer fait oublier quelquefois ses *principes*, ou, pour mieux dire, ses *vues*, apostrophe ainsi les Anglais (pag. 259.). « Quand » en avez-vous éprouvé des refus, si ce n'est » lorsque, leur appuyant la baïonnette sur la poi» trine, vous leur avez dit : *Vos trésors ou la* » *vie ; mourez, ou soyez mes esclaves* » ? Qui croiroit qu'après un pareil aveu, *Raynal* pût soutenir qu'il n'existoit en Amérique aucune des causes qui produisent des révolutions ?

« *Raynal*, dit M. *Payne*, en parlant de l'acte » du timbre qui fut passé en 1764, l'appelle une » *usurpation des droits les plus sacrés et les*

» *plus précieux des Américains* ; et par consé-
» quent il avoue que la plus énergique de
» toutes les causes, c'est-à-dire, *une usurpation*
» *des droits les plus précieux et les plus sacrés*,
» existoit en Amérique douze ans avant la dé-
» claration d'indépendance, et dix ans avant le
» commencement des hostilités. A la vérité,
» l'acte du timbre fut révoqué deux ans après
» qu'il eut été passé ; mais il ne tarda pas à être
» suivi d'un autre acte d'une bien plus grande
» importance, et susceptible de conséquences
» bien plus dangereuses, je veux parler de *l'acte*
» *déclaratoire*, qui, suivant son titre, attribuoit
» au parlement d'Angleterre le droit de lier
» l'Amérique *dans tous les cas quelconques.*

» Si l'acte du timbre étoit une *usurpation des*
» *droits les plus précieux et les plus sacrés des*
» *Américains*, l'acte déclaratoire ne leur en
» laissoit aucune ; il renfermoit les semences
» toutes développées du gouvernement le plus
» despotique qui ait jamais été exercé dans le
» monde ; il plaçoit l'Amérique dans l'état du
» plus vil asservissement ; car il demandoit une
» soumission absolue dans chaque chose, ou,
» comme l'acte le porte, *dans tous les cas*
» *quelconques :* et ce qui contribuoit à le rendre
» encore plus offensant, c'est qu'il paroissoit

» avoir été passé comme un acte de clémence :
» c'est ici qu'on peut s'écrier, avec vérité, *que*
» *la pitié du méchant est cruelle !*

» Cet acte ébranloit dans leurs fondemens
» les chartes primitives de la couronne d'An-
» gleterre, sur la foi desquelles les émigrans de
» l'ancien monde s'établirent dans le nouveau.
» Car au mépris de la nature de ces chartes,
» qui étant celle d'un traité, supposoit un con-
» cours, il les soumettoit au caprice d'une des
» parties, qui, sans consulter l'autre, pouvoit
» désormais les altérer ou les anéantir à son gré ;
» et par-là l'état de l'Amérique se trouvoit
» tout à fait entre les mains du parlement et
» du ministère, sans qu'il lui restât le moindre
» droit dans *aucun cas quelconque* (1).

» Il n'y a point d'acte de despotisme auquel
» cette loi inique ne pût s'étendre ; et quoique
» dans les applications particulières on pût être
» forcé quelquefois de s'accommoder aux mœurs

-----

(1) M. *Payne*, dit l'auteur *des Recherches*, etc.,
a cru sans doute inutile d'observer combien il
est encore plus malheureux pour une nation
d'être soumise à une nation étrangère, que de
l'être au despotisme d'un seul, fût-ce même un
étranger.

» et aux habitudes locales, le principe fonda-
» mental n'en légitimoit pas moins toute espèce
» de tyrannie. Il ne s'arrêtoit nulle part, et il
» embrassoit, dans son étendue, la vie entière
» de l'homme, et, si je puis m'exprimer de la
» sorte, une éternité de circonstances. Toute
» loi demande obéissance : celle-ci demandoit
» servitude, et sous son influence, la con-
» dition d'un Américain n'eût plus été celle d'un
» sujet, mais celle d'un esclave ».

Après avoir blâmé l'insurrection des Américains, parce qu'elle étoit *sans causes*, il est
naturel que *Raynal* désapprouve la France,
qui s'est déclarée en leur faveur. La philosophie
et la politique auroient pu lui fournir mille
moyens de justifier la conduite de sa patrie;
mais sa grande *impartialité* ne lui a pas permis
d'en prendre la défense, et tout son intérêt est
réservé pour l'Angleterre. Il accuse d'abord *le
gouvernement français d'avoir donné des secours
secrets aux Américains, depuis le commencement des troubles.* Mais on sait que ces secours,
dont *Raynal* parle dans les mêmes termes que
le ministère anglais, consistoient en quelques
approvisionnemens que des particuliers vendirent
chèrement aux Américains. La cour de Versailles
mit à ces expéditions des entraves qui eurent

souvent leur effet ; mais quand même elle auroit usé d'une plus grande rigueur envers ses
sujets, il n'est pas certain qu'elle eût pu les
empêcher entièrement ; toutes les classes de la
nation les approuvoient : et qui ne sait que l'approbation universelle est toujours un puissant
passe-port ? Que l'on compare cette conduite
de la cour de Versailles avec celle de la cour
de Londres pendant la guerre de Corse. Des
particuliers anglais envoyèrent aux Corses des
secours qui les mirent en état de faire quelque
temps la guerre à la France. Non seulement le
cabinet de Saint-James ne s'opposa point à ces
expéditions, mais donna lieu de soupçonner
que c'étoit le gouvernement qui envoyoit, sous
le nom de quelques particuliers, des secours
aux Corses, puisque ceux-ci les reçurent en
pur don.

Raynal reproche aux conseils de Louis XVI
*d'avoir blessé la majesté de la première puis-
sance du globe, en désavouant à la face de
l'univers, des secours qu'on ne cessoit de donner
clandestinement aux Américains.* Mais les ré-
ponses pleines de modération, et nullement
timides, que *Louis XVI* fit faire à la cour de
Saint-James, portoient en substance : *Qu'il ne
vouloit point fermer ses ports aux Américains*

ni défendre à ses sujets de commercer avec eux ; qu'il donneroit les ordres convenables pour em- pêcher, autant qu'il seroit possible, la contre- bande ; qu'il avoit observé le traité d'Utrecht, et qu'il continueroit à l'observer.

Cette conduite est noble et franche. Qu'on la compare à celle que le ministère anglais tint au commencement de 1756. Il faisoit de grandes protestations du désir de conserver la bonne harmonie entre les deux puissances, tandis que ses vaisseaux avoient déjà fait prisonniers environ vingt-deux mille matelots français. C'est à cette odieuse perfidie que les Anglais durent princi- palement le succès d'une guerre qui a été si désastreuse pour la France.

Raynal est tellement indigné des *secours* que sa patrie fournit aux Américains, qu'il blâme l'Angleterre de *n'avoir pas déclaré à l'instant la guerre à la France, et de n'avoir pas ôté ainsi à ses sujets REBELLES le seul secours qui leur fût assuré.* Il blâme d'autant plus l'aveuglement de *Georges III*, qu'à cette époque la France et l'Espagne étoient, selon lui, dans un état déplorable.

L'historien des deux Indes regarde comme la violation des traités les plus solemnels, la décla- ration par laquelle la France reconnut l'indépen-

dance des Américains ; mais il n'a garde de
rappeler aucune des circonstances dans lesquelles
elle fut faite.

« *Franklin* étoit en France depuis un an,
» dit M. *Mazzei*, sans qu'on l'eût encore écouté,
» lorsque le gouvernement apprit, à n'en pou-
» voir douter, que la cour d'Angleterre avoit
» résolu de se réunir avec les Colonies, et de
» tourner ses armes contre la France. Alors il
» étoit vraisemblable que si la France continuoit
» à rejeter les propositions des Américains, ils
» accepteroient celles de l'Angleterre. Dans
» ce cas, on auroit vu cesser le schisme inté-
» rieur de ce royaume, occasionné par la
» guerre des Colonies, et toutes ses forces se
» seroient trouvées réunies contre la maison de
» Bourbon.

» Qu'auroit dit l'univers entier et *Raynal*
» lui-même, si la France avoit laissé manquer
» l'occasion favorable de contribuer à séparer
» deux peuples, dont l'union commençoit à
» devenir redoutable, et si elle avoit négligé
» l'espérance, presque certaine, de se venger des
» affronts qu'elle avoit soufferts, et de secouer
» la servitude ignominieuse d'entretenir dans son
» propre sein un étranger dont l'office étoit
» de ne pas permettre qu'elle fît ce qu'elle
                                        » jugeroit

» jugeroit à propos sur son propre territoire?
» Quelle sensation auroient faite les maux de
» cette guerre, qui, selon toute apparence,
» auroit fini beaucoup moins heureusement pour
» elle ? La guerre étoit inévitable. L'alternative
» étoit, ou de se lier avec l'Amérique contre
» l'Angleterre seule, ou de combattre contre
» l'Angleterre et l'Amérique réunies (1) ».

Au lieu de rappeler ces circonstances qui prouvent que la France ne pouvoit agir autrement, *Raynal* cite des faits évidemment faux, pour rendre sa conduite odieuse. Il prétend qu'avant l'époque de la déclaration, une flotte partie de Toulon étoit chargée de combattre les Anglais dans le nord de l'Amérique ; mais le départ de cette flotte n'eut lieu qu'après que l'Angleterre eut considéré la déclaration de la France comme une déclaration de guerre. Ce qui est incontestable, c'est que le cabinet de Londres, avant cette époque, avant qu'il sortît de la léthargie que *Raynal* lui reproche, avoit donné des ordres pour chasser les Français des

____

(1) M. *Mazzei* rapporte dans son ouvrage un mémoire de M. *Turgot*, dans lequel ce grand homme démontre avec évidence que la France ne pouvoit pas, à son choix, faire la guerre ou conserver la paix.

C

Indes orientales, et qu'il avoit fait des armemens considérables de vaisseaux, dont l'Amérique ne pouvoit être l'objet.

Raynal blâme les conseils de Louis XVI, *d'avoir, par une intrigue de ministres ou par l'ascendant de quelques agens obscurs, engagé l'Etat dans une guerre désastreuse.* Jamais reproche ne fut aussi injuste. Jamais guerre ne fut aussi conforme au vœu de la nation française. Si *Raynal* avoit rendu justice à ses compatriotes, dont il fait un portrait si désavantageux, il auroit vu que leurs attributs distinctifs sont la sensibilité, l'humanité, et une passion ardente pour l'honneur national. Il auroit vu que ces trois qualités ont été la source du vœu général de la nation française pour soutenir la nouvelle république. Le ministère, au lieu d'avoir besoin d'*intrigue* et d'*agens obscurs* pour faire soutenir les Américains, a été lui-même entraîné par le vœu de la nation. Dire le contraire, c'est montrer une insigne mauvaise foi, ou une ignorance totale des faits.

Le traité d'alliance et de commerce que la France fit avec les Américains, mérita l'approbation de tous les amis de la justice et de la liberté, parce qu'on y prit pour base des principes d'égalité, dans un temps où les Américains avoient le plus grand besoin des secours de la France, et où elle seule avoit reconnu leur indépendance. *Raynal* seul le désapprouva. « Pourquoi, » dit-il, s'être mis, par un traité inconsidéré, *dans* » *les fers du congrès*, qu'on auroit lui-même tenu » dans la dépendance par des subsides abondans » et réglés » ? Il n'est donné qu'à *Raynal* de concevoir comment une nation puissante se met *dans les fers* d'une autre plus foible, en traitant avec elle sur le pied d'égalité. Si la France, au lieu de se concilier l'amitié des Américains, eût, conformément aux leçons philosophiques de l'historien des deux Indes, cherché à les tenir dans sa dépendance, elle auroit blessé les lois de la plus saine politique. Les alliances sont de courte durée, si elles ne sont établies sur les bases de la convenance réciproque, et un peuple qui risque tout par amour pour la liberté, est fait pour la reconnoissance, non pour la dépendance.

« La philosophie, ajoute *Raynal*, dont le » premier sentiment est le désir de voir tous les » gouvernemens justes et tous les peuples heu- » reux, en portant un coup – d'œil sur cette » alliance d'une monarchie avec un peuple qui » défend sa liberté, en cherche le motif. Elle » voit trop que le bonheur de l'humanité n'y

» a point de part. Elle pense que si l'amour de
» la justice eût décidé la cour de Versailles, elle
» auroit arrêté dans le premier article de sa
» convention avec l'Amérique, *que tous les peuples*
» *opprimés avoient le droit de s'élever contre*
» *leurs oppresseurs* ». Les Américains se sont
bien gardés de commettre l'imprudence de proposer un article superflu, étranger au traité,
un article qui auroit pu déplaire à toutes les puissances de l'Europe. Quand il seroit vrai que le
bonheur de l'humanité n'a eu aucune part à ce
traité, l'historien auroit dû remarquer que la
politique ambitieuse des cours est ici d'accord
avec l'intérêt général des hommes. Il auroit dû
au moins nous expliquer comment, si la France,
au lieu de faire avec les Américains un traité
d'alliance et d'amitié, les eût tenus dans *la dépen-*
dance, *le bonheur de l'humanité y auroit eu*
part.

On ne conçoit pas davantage comment un aussi
grand politique que *Raynal* est le seul qui n'ait pas
vu les *motifs de cette alliance d'une monarchie*
avec un peuple qui défend sa liberté. Parmi ces
divers motifs, il ne faut pas compter pour le
moindre, celui d'attirer dans son parti un peuple
qui, s'il eût été rejeté, se seroit trouvé dans la
nécessité de joindre ses forces à celles de l'en-

nemi déjà résolu de faire la guerre. L'impro-
priété de l'alliance entre une monarchie et un
peuple libre demandoit d'être démontrée. On n'a
pas vu jusqu'à présent que les alliances in-
fluent beaucoup sur l'administration intérieure
des différens gouvernemens. Les Suisses sont
depuis long-temps alliés de la France , sans
que leur indépendance en ait souffert.

On est surpris de voir *Raynal* , cet ardent
propagateur de la liberté, s'efforcer de persuader
à la France et à l'Espagne d'abandonner les Américains. C'est dans cette vue qu'il essaie de prou-
ver qu'une union étroite ne peut subsister long-
temps entre des confédérés d'un caractère si
opposé, et qu'il accuse les Américains de la
plus noire ingratitude. « L'Américain , dit-il ,
» tient secrètement ses regards tournés vers sa
» mère-patrie , et se réjouiroit des désastres de
» ses alliés, s'ils étoient compatibles avec son
» indépendance ».

Mais pourquoi, dit M. *Payne* , charger l'Amérique d'une inculpation qu'elle n'a méritée ni
par ses principes ni par sa conduite ? Elle s'est
efforcée, à la vérité, de faire connoître au
monde, que, loin d'avoir été l'agresseur dans
sa querelle avec l'Angleterre , elle n'avoit au
contraire ni cherché , ni souhaité les moyens de

rompre : mais il y auroit à la fois de l'injustice et de la cruauté à s'autoriser de la candeur de ses aveux, pour flétrir son caractère par des imputations odieuses qu'on ne peut fonder que sur ces mêmes aveux. Le refus qu'elle fit des propositions de l'Angleterre en 1778, avant d'être informée du traité conclu avec la France, s'accorde-t-il avec la peinture que *Raynal* fait de ses dispositions ? Une seule circonstance tirée de sa conduite depuis ce temps, peut-elle justifier ce qu'il avance ?

Le même écrivain qui s'est écrié dans un mouvement de fureur plutôt que d'éloquence : *Je tressaille de joie en prévoyant le jour où les champs américains s'enivreront avec transport du sang européen*, conseille à la France et à l'Espagne d'empêcher, autant qu'elles peuvent, que le vaste continent de l'Amérique ne devienne libre. « Les Etats-Unis, dit-il, ont montré à
» *découvert* le projet d'attirer à leur confédé-
» ration toute l'Amérique septentrionale. Plusieurs
» démarches, celle en particulier d'inviter les
» peuples du Canada à la *rebellion*, ont dû faire
» croire que c'étoit aussi le vœu de la France.
» On peut soupçonner l'Espagne d'avoir eu
» aussi cette idée, etc. » Il ajoute, que le nouvel hémisphère se détacheroit de l'ancien, si

tout le nord des regions américaines étoit assu-
jetti aux mêmes lois, ou lié par des intérêts
communs. Or sa philosophie et sa politique vou-
droient retarder ce grand *déchirement du nouvel
hémisphère de l'ancien, quoiqu'il soit préparé
par les progrès du mal dans l'ancien, et par les
progrès du bien dans le nouveau.* C'est pour
cela qu'il conseille à la France et à l'Espagne
de ne pas permettre que tout le continent de
l'Amérique septentrionale devienne libre, et d'y
laisser subsister deux puissances qui s'observent,
qui se contiennent, et qui se balancent. « A peine
» la liberté de ce vaste continent, dit-il, seroit
» assurée, qu'il deviendroit l'asile de tout ce
» qu'on voit parmi nous d'hommes intrigans,
» séditieux, flétris ou ruinés. La culture, les
» arts, le commerce ne seroient pas la ressource
» des réfugiés de ce caractère.... Ils se tourne-
» roient vers les conquêtes. Le nouveau peuple
» auroit achevé les préparatifs de ses invasions,
» avant que le bruit en eût été porté dans nos
» climats. Sa foudre tomberoit toujours sur des
» mers sans défense, ou sur des côtes prises
» au dépourvu, etc. » Je ne sais comment
Raynal peut concilier ces étranges assertions
avec ce qu'il dit dans un autre endroit de son
ouvrage. « L'oppression et l'intolérance pous-

» soient tous les jours de nouveaux habitans dans
» l'Amérique septentrionale. La guerre a fermé
» ce refuge aux *malheureux*, mais la paix le
» leur rouvrira, et ils s'y rendront en plus grand
» nombre que jamais ». On demande à *Raynal*
si les *malheureux* ne s'empresseront d'aller en
Amérique, que tant que la liberté n'existera que
sur une partie du continent, et si l'on ne doit
pas craindre que ces *malheureux* ne deviennent
aussi des conquérans.

L'historien philosophe, après avoir donné des
conseils si sages et si salutaires à la France et à
l'Espagne, tourne son œil bienfaisant vers les
États-Unis. « Que les vrais Américains y réflé-
» chissent, dit-il, et ils trouveront que l'unique
» moyen de prévenir les troubles parmi ces peu-
» ples, c'est de laisser sur leurs frontières un
» rival puissant et toujours disposé à profiter
» de leurs dissentions. Celui qui détruisit la
» liberté romaine, ce ne fut ni *Sylla*, ni *César*.
» Ce fut le premier *Caton*, en allumant dans
» le sénat les flambeaux qui mirent Carthage en
» cendre ».. Pour amener ce trait d'érudition,
il dit qu'il règne une grande jalousie entre les
contrées du nord et celles du midi; que les
principes politiques varient d'une rivière à l'autre;
qu'on remarque une grande animosité entre les

citoyens d'une ville, entre les membres d'une famille, etc. « Mais la vérité se trouve préci-
» sément dans les assertions contraires, dit
» M. *Mazzei.* Les constitutions des treize Etats
» prouvent sans réplique que les principes poli-
» tiques sont par-tout les mêmes. L'union qui
» règne dans les familles est telle, que les Euro-
» péens ne se lassent pas de l'admirer. La jalousie
» qu'entretenoit anciennement entre les Colonies
» la politique du gouvernement anglais, étoit
» éteinte par-tout plusieurs années avant la révo-
» lution. L'union des Etats est fondée non seu-
» lement sur la saine politique, mais aussi sur
» l'affection, pour ainsi dire, fraternelle des
» citoyens de chaque Etat, depuis *Newhamshire*
» jusqu'à la Georgie, et cette dernière base est
» encore plus solide que la première ».

Les ennemis des Américains et de leurs alliés n'avoient pas besoin des conseils de *Raynal;* il n'a que des éloges à leur donner. On se souvient que le ministère anglais refusa les propositions du roi d'Espagne en qualité de médiateur. Ce refus excite l'enthousiasme de l'historien des deux Indes : « Si on me demandoit, dit-il,
» quel est le nom qu'on donnera dans quelques
» années à la fermeté que les Anglais ont mon-
» trée dans ce moment, je répondrois que je

» l'ignore. Quant à celui qu'elle mérite, je le
» sais. Je sais que les annales du monde ne nous
» offrent que rarement l'auguste et majestueux
» spectacle d'une nation qui aime mieux renoncer
» à sa durée qu'à sa gloire ». Les Anglais ont
dû être bien étonnés de se voir comparer aux
Sagontins, eux qui, à cette époque, ne dou-
toient pas de leur supériorité sur les forces com-
binées de la France et de l'Espagne. *Paix
avec l'Amérique, et guerre avec la maison de
Bourbon*, fut le mot du célèbre *Chatham*, peu
de jours avant qu'il terminât sa glorieuse carrière. Le lord *North*, premier ministre, et le
lord *Sandwich*, chef de l'amirauté, ne croyoient
pas exposer l'existence de leur nation, en refusant
d'accepter les propositions du roi d'Espagne,
puisqu'ils n'avoient pas hésité de soutenir au parlement, en termes formels, que les forces navales
de l'Angleterre surpassoient celles de la France
et de l'Espagne réunies. La résolution que prit
ensuite l'Angleterre d'attaquer la Hollande, est
une nouvelle preuve que la nation anglaise ne
pensoit pas comme *Raynal*. Les réflexions que
M. *Payne* fait sur ce même passage méritent
d'être rapportées. Il y apprécie avec beaucoup
de justesse les talens de cet historien.

« L'art de proportionner à son sujet ses pen-

» sées et son style, de manière à frapper direc-
» tement le but qu'on se propose, sans s'égarer
» jamais dans de vaines digressions, me paroît
» la véritable pierre de touche du talent d'écrire.
» Dans ses ouvrages, *Raynal* s'écarte souvent
» de son sujet ; il les surcharge d'une inutile
» variété. On peut les comparer à un paysage
» agréable et désert, au travers duquel on n'a
» pratiqué nulle route ; tous les objets y flattent
» agréablement la vue ; aucun ne la fixe et ne
» l'attire ; on s'y plaît, on aime à s'y égarer ;
» mais il est difficile d'en trouver l'issue.

» Si Raynal se plaît tant à représenter les
» singularités frappantes des caractères natio-
» naux, l'Amérique pouvoit fournir une ample
» matière à ses louanges. Il y auroit trouvé des
» hommes qui, sans connoître quel parti l'Eu-
» rope voudroit prendre dans leur querelle, se
» déterminèrent sur un plan dont l'expérience
» n'avoit pas encore démontré la solidité, à
» braver une puissance contre laquelle les na-
» tions les plus formidables avoient échoué.
» Sans autre connoissance que celle des prin-
» cipes sur lesquels ils fondoient leur résolution,
» ils avoient tout à apprendre. Dépourvus des
» choses nécessaires à leur défense, ils avoient
» à se les procurer. Supérieurs à la bonne comme

» à la mauvaise fortune, ils se sont vus réduits
» aux derniers termes du malheur, sans que leur
» courage en fût ébranlé ; et dans le retour de
» la prospérité la plus inattendue, ils n'ont point
» dégradé la dignité de leur caractère par les
» vains éclats d'une joie puérile. Les irrésolu-
» tions ou le découragement sont des choses
» également inconnues aux Américains, et l'on
» peut dire qu'ils étoient préparés à tout ; car
» toutes les circonstances possibles se trouvoient
» renfermées dans la résolution inébranlable de
» vaincre ou de mourir ».

Tel est le portrait fidèle des Américains ; qui pourroit les reconnoître dans l'ouvrage de *Raynal* ? Il les fait paroître sur la scène, tantôt comme une horde d'Arabes, tantôt comme un vil troupeau. Il les représente comme des lâches, toujours prêts à se rendre à la première sommation, toujours prêts à s'enfoncer dans l'intérieur des terres et à fuir devant l'ennemi. Il parle de *Wasington* comme d'un sergent de milice, et des autres chefs qui ont secondé dignement ce grand général, comme de misérables caporaux. Toutes les pertes des Américains sont racontées dans les plus grands détails, et il accompagne son récit de réflexions malveillantes. Leurs succès, leurs actions glorieuses

n'ont jamais été capables d'échauffer son éloquence. Il précipite sa narration, dit M. *Payne*,
en homme qui brûle d'être débarrassé d'une
tâche fastidieuse. Cette révoltante partialité, que
nous ne faisons ici qu'indiquer, a été mise dans
le plus grand jour par M. *Mazzei*, (v. ch. X,
tom. III.) On partage l'indignation de cet écrivain philosophe, en voyant un homme qui invo-
que sans cesse la *vérité sainte*, accumuler tant
d'absurdités et de mensonges, pour nuire à la
cause de la liberté, et l'on est forcé de con-
clure qu'il vendit alors *son nom* aux Anglais,
comme il le vend aujourd'hui aux ennemis de
la constitution française.

LETTRE IV.

Sur la lettre de l'abbé Raynal à l'Assemblée Nationale.

DES amis, dignes de *Raynal*, l'ont appelé sur le théâtre de la capitale, pour opposer l'autorité de son nom à l'opinion publique. Ils ont cru que les censures d'un écrivain dont les ouvrages ont contribué à répandre des principes de liberté, feroient une profonde impression sur l'esprit des peuples ; que l'assemblée nationale seroit arrêtée dans sa marche, et qu'elle rétrograderoit même vers l'ancien régime. Mais quel a été l'effet de cette lettre écrite sous la dictée de l'ennemi le plus perfide (1) de la révolution ? En mettant *Raynal* en contradiction avec lui-même, elle a achevé de le démasquer et de lui faire perdre une réputation usurpée. On a vu avec indignation que ce *vieil ami de la liberté*, comme il s'appelle, ait gardé le silence pendant le cours d'une révolution qui doit régénérer, non

____

(1) M. Malouet.

seulement le peuple français , mais la société humaine , et qu'il le rompe enfin lorsque la constitution est presque achevée , non pour présenter à nos législateurs des observations capables de les diriger dans leur route ; mais pour leur répéter ces plaintes vagues , ces reproches calomnieux , que les ennemis de l'assemblée nationale ne cessent de reproduire. Une analyse rapide de cette fameuse lettre suffira pour mettre dans tout leur jour les motifs qui l'ont dictée , et pour convaincre *Raynal*, que cette fois-ci, en *prêtant son nom* , il a recueilli l'opprobre au lieu de la célébrité.

Raynal a été profondément attristé , dit-il , *des désordres et des crimes qui couvrent de deuil cet empire.* Est-ce l'écrivain qui conseilloit jadis aux rois de faire le bien par des réformes totales et rigoureuses, qui invitoit sans cesse les peuples à l'insurrection , qui a *tressailli de joie à la seule idée que les champs américains s'enivreroient du sang européen* , etc. ; est-ce un pareil écrivain qui peut ignorer qu'une révolution entraîne des malheurs inévitables ? Si des factieux ont provoqué des excès populaires , si des brigands ont profité de l'anarchie , est-ce le crime de l'assemblée nationale ? Cette anarchie , suite d'une révolution violente , est l'ouvrage des ennemis de la liberté. Peut-on oublier que les trois aristocraties puissantes, du clergé, de la noblesse et des parlemens, s'étoient coalisées pour défendre leurs privilèges et leurs usurpations ; que le gouvernement, au lieu de tenir la balance entre elles et les représentans du peuple, se déclara en leur faveur ; qu'il appela des armées, et qu'il força le peuple à s'armer pour soutenir lui-même ses droits ?

Mais peut-être le peuple n'est pas souverain, il ne devoit pas rentrer par la force dans ses droits imprescriptibles.... *Raynal* n'ose le dire en propres termes ; mais, ce qui est la même chose, il déclame contre la déclaration des droits : il attribue à sa promulgation tous les excès qui blessent le plus ces droits, et qu'on ne punit qu'en vertu de ces droits. Quoi, parce que quelques fanatiques ont voulu abuser de ces principes sacrés, qui peuvent seuls être la base d'une société durable, on devra les regarder comme un *systéme de désorganisation ! Raynal* a pu invoquer ces principes dans un ordre de choses purement idéal, lorsque la liberté n'étoit qu'un mot, lorsque la faire connoître, c'étoit nécessairement occasionner des troubles ; et aujourd'hui qu'une grande nation jouit d'une liberté absolue, qu'elle fait son destin elle-même, il lui

seroit

seroit dangereux de connoître ses droits ? Quelle inconséquence ! quelle absurdité !

A la vérité, *Raynal*, pour sauver ces contradictions, abjure les maximes de la philosophie, comme autrefois il faisoit amende honorable d'avoir été prêtre. *Jamais*, dit-il, *les conceptions hardies de la philosophie n'ont été présentées par nous comme la mesure rigoureuse des actes de la législation.* Eh ! pourquoi donc les présenter ? Si la perfection ne devoit se trouver que dans ses livres : pourquoi les avoir écrits ? Etoit-ce pour nous égarer, en nous présentant un but où nous ne pouvions jamais atteindre ? Mais *Raynal* oublie qu'il parle aux représentans, aux législateurs d'un peuple libre et souverain ; il a cru parler encore aux rois, pour qui les conceptions de la philosophie ne peuvent jamais être la base de la législation. Il ignore que l'intérêt des tyrans est de composer avec les droits des hommes qu'ils asservissent, et que celui des nations consiste à se proposer le mieux possible pour but de leurs institutions politiques ; il ignore que les perfectionnemens partiels sont les seuls avantages que les meilleurs rois puissent procurer aux nations, tandis que les nations elles-mêmes peuvent envisager la perfection la plus entière et la plus prompte,

D

comme le terme de leurs espérances , et peuvent y arriver par cela seul qu'elles le veulent.

S'il faut en croire *Raynal*, tous les maux de la France sont l'ouvrage de la philosophie, qui n'a cependant de poids dans l'opinion publique qu'après que celle-ci l'a sanctionné. Il inculpe la philosophie *d'avoir rompu les liens qui attachoient la religion , les lois et l'autorité royale à l'Etat. Voilà la source des troubles religieux....* Qui est-ce qui fomente ces troubles, si ce n'est les prêtres qui refusent d'obéir à la loi ? Il devoit adresser ces reproches à ces prévaricateurs coupables, qui se servent de l'arme sacrée de la religion pour troubler la tranquillité publique, pour allumer la guerre civile. Est-ce la pureté du catholicisme qu'ils défendent, ou les abus dont ils profitoient ? Les prêtres étoient-ils donc plus coupables, lorsque *Raynal* s'écrioit, après avoir tracé l'origine des biens ecclésiastiques : *Si cette religion existoit , n'en faudroit-il pas étouffer les ministres sous les débris de leurs autels ?* (tom. VI, pag. 203.)

Raynal parle de *dissentions civiles.* Sans doute il entend par-là le mécontentement des ci-devant nobles , des anciens magistrats. Mais la nation ne pouvoit rentrer dans ses droits sans les dépouiller de leurs injustes privilèges ; elle ne pouvoit se donner de bonnes lois qu'en détruisant ces corporations puissantes qui avoient usurpé une partie des droits du peuple et du pouvoir royal. Ces dissentions ne sont donc point l'ouvrage du peuple qui demande que tous les hommes soient égaux, qu'ils soient également traités dans la répartition des biens communs, qu'ils aient les mêmes droits à la protection des lois. Il faut imputer ces dissentions à ceux qui osent contester la souveraineté de la nation, et cette égalité sacrée, qui doit être la base de toute société raisonnable ; qui osent dire qu'ils ne se soumettront jamais à ces lois, et qui cherchent des ennemis à leur patrie dans tout l'univers.

Raynal se plaint de ce qu'on *n'a donné aucun ressort au gouvernement.* Mais le gouvernement n'est-il pas le résultat de toutes les combinaisons politiques adoptées par la constitution, et tant que toutes ces combinaisons ne sont pas créées, peut-il avoir toute l'action qui lui est réservée ? Si on a peut-être prolongé cette foiblesse, la juste défiance qu'inspiroit le ministère et le roi même, entouré des ennemis de la constitution, ne justifie-t-elle pas la conduite de l'assemblée nationale ? Les événemens qui sont arrivés depuis

(52)

ne démontrent-ils pas que la force qu'on auroit laissée à l'ancien gouvernement, il l'auroit employée à empêcher la révolution ? *Raynal* se plaint que *les soldats sont sans discipline, et les chefs sans autorité*. C'est, en d'autres termes, se plaindre que l'armée n'ait pas été passivement soumise aux chefs qui vouloient tourner ses armes contre les défenseurs du peuple ; c'est regretter que la révolution, qui est née de cette indiscipline, se soit opérée, ou du moins qu'elle se soit opérée sans que nous ayons passé par toutes les horreurs de la guerre civile. *Raynal* se plaint que la *puissance publique n'existe que dans les clubs*. C'est-à-dire, que, comme tous les détracteurs de l'assemblée nationale, Raynal est l'ennemi de ces sociétés, qui, quelque reproche qu'on puisse leur faire, ont si puissamment contribué à en assurer le succès. Ce sont elles qui ont prévenu les manœuvres de l'aristocratie, qui ont rendu vaines toutes ses tentatives, et qui ont réuni tous les amis de la constitution. Ce qui prouve la grande utilité de ces sociétés, c'est que les ennemis de la révolution ont voulu former des sociétés rivales, que l'opinion publique proscrivoit d'avance.

Raynal répète ces déclamations si faciles contre les comités des recherches, établis pour

suppléer à l'absence des lois. Ce grand politique blâmeroit donc aussi la suspension de la
loi d'*habeas corpus* en Angleterre (1), qui ne
subsiste que pendant les troubles, et pour empêcher la désorganisation du corps social? Les
trames odieuses que nos ennemis ont ourdies,
ne justifient-elles pas l'institution des comités
des recherches? S'ils existent encore, ce n'est
que pour hâter le moment où leur existence
seroit l'opprobre de la nation.

Raynal, ainsi que tous les ennemis de la
liberté, veut juger la France comme si elle
n'étoit pas dans un état de révolution. Il parle
de l'état actuel comme permanent et stable; il
ne remonte jamais à la source des désordres,
et ne veut pas voir que presque toujours il faut
les attribuer à l'opposition opiniâtre des ennemis
de la constitution. Il reproche à l'assemblée
nationale de se livrer à des abstractions méta-
physiques, et c'est lui qui juge les travaux et
les principes de nos législateurs, d'après de
pures abstractions. Ne diroit-on pas qu'ils ont
eu a créer un gouvernement pour les habitans
de quelque terre inconnue, qu'ils n'ont point

d'intérêts à combattre, point d'obstacles à sur-
monter ? *Raynal* veut juger la constitution, et
il ne sait pas juger l'état de la France.

Les reproches que cet écrivain a faits jusques
ici à l'assemblée nationale, quoiqu'injustes et
absurdes, n'annoncent pas ouvertement un ennemi de la liberté ; mais bientôt il néglige de
s'envelopper, et se montre à découvert. Qui le
croiroit ? Cet homme qui ne respecta pas l'invio-
labilité des rois, qui vouloit *que le glaive de la
loi se promenât également sur toutes les têtes*,
reproche aujourd'hui à l'assemblée nationale
d'avoir détruit la monarchie absolue, c'est-à-
dire, le despotisme. La constitution française a
établi la monarchie libre ou représentative. Un
ami des droits des hommes peut-il rien ajouter
à ce que l'assemblée nationale a consacré dans
tous ses décrets, que le pouvoir exécutif suprême
est dans la personne du roi ? Si ce pouvoir n'a
pas une force suffisante, c'est que le monarque,
loin de vouloir régner par la constitution, en
a toujours été l'ennemi, et a fini par l'attaquer
ouvertement. Qui doute que lorsque la nation
saura que le roi ne veut gouverner que par des
moyens constitutionnels, la force publique ne
soit suffisante pour assurer l'exécution de la loi
et l'obéissance due au monarque, son dépositaire

(55)

et son organe ? Dès que Louis XVI sera roi de
la constitution , on lui portera les égards que
tout grand peuple a pour son chef par respect
pour lui-même. *Raynal craint que le pouvoir
du roi ne tende à s'affoiblir sans cesse.* Sans
doute le pouvoir d'un roi ennemi de la constitution s'affoibliroit, se détruiroit même ; mais
s'il veut régner par elle , il n'a rien à craindre (1).
Il est dans la nature des choses, qu'un monarque chargé seul de l'exercice du pouvoir suprême,
et qui conserve une autorité permanente , quand
les autres délégués n'ont que des fonctions tem-
poraires , étende sans cesse son influence et
augmente son pouvoir,

   Raynal s'élève contre la liberté de la presse,
lui qui auroit autrefois regardé comme tyran-
niques les lois sages que l'assemblée nationale a
faites, non pour restreindre cette liberté , mais
pour en punir les abus. Si quelques écrivains ,
formés sans doute à son école , ont fait un usage
coupable du droit de dire librement sa pensée,

____

   (1) On peut dire du roi des Français ce que *Gour-
ville* dit avec tant de raison du roi d'Angleterre.
*Le roi d'Angleterre , lorsqu'il est l'homme du peuple,
est le plus grand roi du monde ; veut-il être plus ? il
n'est rien.*

s'ils sont restés impunis, ne sont-ce pas là les
malheurs inévitables d'une révolution ? D'ailleurs
comment le régime actuel pourroit-il produire
ce que le despotisme avec ses censeurs, ses
espions, ses réquisitoires et ses bastilles, n'a
jamais pu faire lui-même ? *Raynal* ose donner
le nom de *patriotes* aux écrivains qui ont con-
seillé le crime. Ne sont-ce pas les ennemis de
la révolution, qui, par leurs écrits incendiaires,
ont cherché à entretenir les désordres, à prê-
cher la désobéissance aux lois, à avilir les pou-
voirs constitués ? N'étoit-ce pas leur intérêt évi-
dent, et quel autre moyen réel de résistance
pourroient-ils opposer à la constitution ?

Les doutes que *Raynal* cherche à répandre
sur l'état des finances, ne sont pas moins coupables et moins absurdes. Il veut se faire honneur de sa discrétion, mais on voit que son
objet est de répandre l'alarme et d'inspirer de
la défiance. D'ailleurs, qu'eût-il pu dire ? quels
sont ses principes sur l'impôt ? Il n'en a pas davantage que ceux qui le font agir pour troubler,
s'il étoit possible, les derniers travaux de l'assemblée nationale. C'est la constitution qui fait le
sujet de leurs craintes et non l'état des finances.
En est-il un seul qui n'invoquât la banqueroute,
si elle devoit rétablir la toute-puissance du roi,

rendre à la noblesse ses prérogatives, au clergé ses biens, à l'ancienne magistrature son pouvoir?

Le dernier moyen dont *Raynal* se sert pour décrier l'assemblée nationale, c'est de supposer qu'elle a beaucoup perdu dans l'opinion publique, et qu'elle ne reçoit *plus les hommages purs qui accompagnoient ses premiers travaux.* Sans doute l'assemblée nationale a perdu des partisans : sans doute les ci-devant privilégiés, ces hommes dont les abus étoient le patrimoine, ces prétendus gens de bien, qui convenoient qu'il falloit des réformes, mais qui n'avoient pas le désintéressement nécessaire pour les supporter, ont aimé la révolution tant qu'ils ont cru qu'elle leur seroit ou utile, ou qu'elle ne leur ôteroit rien. Combien de gens dont le patriotisme n'a pu résister à la suppression des droits féodaux, à l'abolition de la dixme, aux décrets contre la noblesse et les titres, et à d'autres motifs du même genre? Sans doute l'opinion de ces individus est changée, au moins en partie ; mais l'opinion publique ne l'est pas, et quelle autre force que l'opinion publique a pu renverser l'ancien régime et établir le nouveau?

J'ai cherché dans la lettre de *Raynal* quelque censure motivée, quelque observation utile, et je n'y ai trouvé que des plaintes vagues,

que des reproches calomnieux. Il a osé cependant l'adresser à l'assemblée nationale, *parce
qu'il le doit*, dit-il, *parce qu'il touche à sa
quatre-vingtième année.* Mais qui peut lui faire un
devoir de s'ériger en juge d'une assemblée légis-
lative, où il est représenté comme tous les autres
citoyens ? Sont-ce les lumières répandues dans
un ouvrage publié sous son nom ? Sa lettre
atteste ce qu'il faut penser de l'auteur putatif
de l'histoire philosophique. Il y désavoue les
principes qu'il avoit adoptés autrefois, et qui
l'avoient fait regarder comme un défenseur éclairé
des droits de l'homme. Il n'avoit donc pas de
devoir à remplir, et sa lettre ne sort point de
la classe des libelles. Rien, sans doute, n'est plus
sacré que les droits de la vieillesse, et certes,
l'assemblée nationale nous a appris mieux que
personne ce qu'on doit à la présence du vieillard. Mais *Raynal* se présente chargé *de quatre-
vingt ans* d'impostures et de charlatanisme ; il ne
peut réclamer que notre pitié.